岭南文化青少年读本系列

主编：傅华　副主编：王桂科

岭南民俗

王维娜　汪多维　黄爱明　编著

SPM 南方出版传媒　广东人民出版社

·广州·

图书在版编目（ＣＩＰ）数据

岭南民俗 / 王维娜 , 汪多维 , 黄爱明编著 . —广州 : 广东
人民出版社 , 2020.6

(岭南文化青少年读本系列 / 傅华主编)

ISBN 978-7-218-13852-7

Ⅰ . ①岭… Ⅱ . ①王… ②汪… ③黄… Ⅲ . ①风俗习惯 – 广东
– 青少年读物 Ⅳ . ① K892.465-49

中国版本图书馆 CIP 数据核字 (2019) 第 196568 号

LINGNAN MINSU
岭南民俗

王维娜　　汪多维　　黄爱明　编著

版权所有　翻印必究

出 版 人：肖风华

编写统筹：王　芳
责任编辑：倪腊松　林小玲　张竹媛　潘　逦
整体设计：李卓琪　丘雨轲
责任技编：吴彦斌　周星奎
责任校对：林　俏　王立东

出版发行：广东人民出版社
地　　址：广州市海珠区新港西路 204 号 2 号楼（邮政编码：510300）
电　　话：（020）85716809（总编室）
传　　真：（020）85716872
网　　址：http://www.gdpph.com
印　　刷：广州市浩诚印刷有限公司
开　　本：787 毫米 ×1092 毫米　1/16
印　　张：7.875　　字　　数：98 千
版　　次：2020 年 6 月第 1 版
印　　次：2020 年 6 月第 1 次印刷
定　　价：35.00 元

如发现印装质量问题，影响阅读，请与出版社（020-85716808）联系调换。
售书热线：（020）85716826
书中个别图片暂时无法联系到作者，如发现后请及时与我社取得联系。

前言

　　南粤民众在岭南大地上繁衍生息几千年，创造出许多独具岭南地域特色的民风民俗，在语言、风俗、生活习惯、民间艺术等方面，既保留了南粤先民的古老遗风，又随着时代发展变迁，呈现出开放、包容、创新的气质。

　　受岭南地理环境的影响，广东境内山脉、平地、台地、海洋等地形地貌，天然地将广东分为珠江三角洲、潮汕平地、粤北山区、沿海地区等，不同的生态样貌滋养出多样的文化。在漫长的历史时期，广府人、客家人、潮汕人、雷州半岛和少数民族等不同民系和民族在各个区域繁衍发展，创造出丰富多彩、个性鲜明的民俗文化，造就了岭南民俗文化的多样性。

目录

岁时节庆中独特的岭南风

　　岭南地区是古代百越民族聚居的地方，在漫长的历史岁月里，百越民族与中原汉族的移民不断交流和融合，逐渐形成了广府、客家、福佬（主要生活在潮汕地区）三大民系。从他们的方言、节日庆典、饮食风味、游艺娱乐中，可以探究出与中原文化的血脉相连，但同时又能呈现出各个民系和族群独有的特征，形成了多元、多样、包容的风格，即使是全国人民都有的岁时节庆，也凸显出迷人而独特的岭南风。

春节

茉莉蔷薇夹马樱，携篮叫卖一声声。双双飞蝶频追逐，跟个卖花人入城。羊城世界本花花，更买鲜花度年华。除夕案头齐供奉，香风吹到暖人家。

——佚名《花田竹枝词》

广东有着优秀而丰富的岭南文化，春节风俗亦自成一格：广州春节"行花街"、阳江新春行大运、潮汕游大标和扣英歌、粤北舞春牛、醒狮贺岁以及彩龙翔舞等等，都有农耕文明的印记，是依托于农耕社会的生产和生活方式创造出来的习俗，既包含了对去岁收获的喜悦，也寄托了对来年光景的期望。

广府人过大年"行花街"

2

广州荔湾路花市（黄国祥摄）

"行花街"，广府人又称为"游花市""行大运"。自明清以来，广府人就有"行花街"的习俗。除夕当晚是"行花街"的高潮，人山人海，水泄不通，就是为了沾点花香瑞气，挤掉污浊晦气，以求来年风调雨顺、幸福平安。广州除夕"行花街"还有"卖懒倡勤"的寓意，广州有童谣唱道："卖懒，卖懒，卖到年三十晚。"

广府人十分喜欢花，广州自古更有"花城"的美称。"行花街"当然少不了买年花：广府人首选金橘，广州话谐音"今吉"；再来一枝红桃花，意为"宏图"；再摆上一盆应节的水仙花，以示"花开富贵"……插在花瓶里的鲜花搭配也很重要，菊花、芍药、剑兰、银柳等等，摆在屋内满室生香。

在广府人看来，过年没有"行花街"就没有年味。这既是"挤"出来的节日喜庆与狂欢，也是广府人传承已久的情感仪式。

元宵节，广东的玩灯节

元宵节，也叫"灯节"，在广东地区，最重要的节目就是"玩灯"。"灯"与粤语的"丁"谐音，元宵灯会既有庆祝新春之意，也寄托了百姓祈求人丁兴旺的美好愿望。正月初九至正月十五期间，广东各地都会举办灯节，各种具有地方特色的花灯大放异彩，如：广式红木宫灯、潮汕花灯、佛山彩灯、深圳沙头角鱼灯、江门龙凤宫灯等。这些灯节以潮汕的游花灯和佛山"行通济"最为精彩。

广式红木宫灯——百变节日灯

潮州花灯——人物纱灯

潮汕游花灯，男女老幼倾城而出，街上华灯争妍。当花灯出游时，队伍会以潮州大锣鼓开道，用威武昂扬的龙头灯"打头阵"，再以翩翩起舞的凤头灯收尾，中间是以狮、象、鱼、鸟为形象的花灯，还有以戏剧故事为题材的人物纱灯和盆景古玩花灯。这样的游灯队伍，潮汕人称为"龙头凤尾"，蕴含了人们"从年头好到年尾"的祝愿。

潮州花灯

通济桥

潮州花灯——人物纱灯

正月十六，佛山有"行通济，无闭翳（没有忧愁）"这个习俗，必须一次从桥头走到桥尾，心中所求的愿望就会成真。每到这一天，家家户户都会来到通济桥，举着风车，拿着花灯，提着生菜（寓意"生财"）浩浩荡荡地从北往南走过通济桥，祈求来年平平安安、顺顺利利。

清明节

清明节，每家每户都要去郊外祖墓上坟，追念祖先。人们在这一天会成群结队地走在郊外，一路感受春天的气息。因此，清明节也被人们称作"踏青节"。

"太公分猪肉，人人有份"

广东人极为重视清明祭祖，俗称"拜山"。临近清明时，家家户户都会准备好各式祭品，计划好祭拜路线和时间。具体的时间、祭品样式等会因地方不同、民系不同而稍有差异。正如俗话所言"各处乡村各处例"（即"每个乡村的惯例都有所不同"）。不少在他乡生活或经商在外的游子和宗亲就会在清明节返乡祭祖，或与亲人一起宴饮，沟通情感或参与"太公分猪肉"的活动。

"太公分猪肉"就是在祭祖仪式后，由德高望重之人（一般尊称为"太公"）将祭祀过祖先的烧猪分给族人们。太公会将烧猪肉切成小块，分给每位族人，寓意每个族人对祖先留下来的东西"人人有份"，在祖先的庇佑下幸福平安。大人会将切下的第一块烧猪肉先分给小朋友试吃，随后大人也加入到分吃"太公猪肉"当中，并把各自分得的烧猪肉带回家。传统的"太公分猪肉"象征着家族的团结与凝聚。

各具岭南特色的清明岁时食物

广府人除了清明祭祖的金猪（烧猪或烧乳猪）之外，还会吃清明荞菜；客家人有清明粄，这是由艾叶、苎叶、鸡屎藤、枸杞叶等草木做成的米粄，能保健养生；潮汕人过清明节，则少不了薄饼和蒸朴枳果，朴枳果与闽南地区的"青团"同属一类小吃，薄饼后来又发展为春饼。据传，岭南地区很多清明岁时食物是由古代寒食节的食俗流传而来。

客家清明粄

潮汕朴枳果

端午节

龙船鼓响又端阳，祝君前程寿吉昌。

力争上游风光好，财源广进福呈祥。

朝进羊，晚进象。家和谐，喜成双。红花开，炮仗响。

—— 端午节民间歌谣

广东和全国许多地方一样，端午节要赛龙舟、饮雄黄酒、写符章、挂艾草、包粽子、斟艾酒等等，其中以广东赛龙舟尤为精彩。

广东人端午赛龙舟的"开幕式"

赛龙舟前，广东人会进行起龙仪式，就是把深埋在河涌和池塘泥水中的龙舟挖起、洗净、风干。因为传统龙船在阳光底下暴晒会爆裂，所以要将龙船沉在河里，用湿润的河泥包裹起来。

8

为起出来的龙船安装上龙头

起龙
龙船被起出来后，首先是清洗淤泥，检查船身是否有爆裂或变形。

→

紧龙筋
用一块薄木板，抵在船头与船尾之间，加固船身，使船身硬朗一些。

→

上油

↓

龙眼点睛 ← **采青** ← **请龙头**
将龙头和龙尾从祠堂里"请"出来。

↓

洒龙水
用植物枝叶蘸水后洒向四周，寓意给人们带去吉利。

→

一系列仪式后，龙头、龙尾被抬出祠堂和龙身合并在一起，这才真正成为龙船。

　　起龙、采青、招景、应景、赛龙、藏龙、散龙……这些岭南赛龙舟仪式繁复，每一步都有它的讲究之处。起龙，只是一年一度龙舟季的"开幕式"而已。

广东各地举办龙舟竞渡，赛前邀请各乡龙船前来应景，只表演技巧，不排名次，人们称之为趁景。趁景那天，每条船上都插有各村镇的标旗，到达指定地点报到后便开始他们在江面上的表演。江面是震天的锣鼓响，岸边是齐声高呼的呐喊声，气势如虹，彰显各自实力。趁景完毕，才正式开始比赛，也就是斗标。

10

来趁景的龙船

斗标也叫斗龙，斗龙得了第一名叫夺标。由于斗标只有第一名，之后就不会排其他名次了，所以斗标往往会斗得十分激烈勇猛。号令一响，江面上一条条龙船如离弦利箭射向终点，两岸人山人海，锣鼓声、鞭炮声、呐喊声，声声震天，好不热闹！斗龙既考桡手（划船的人）的爆发力、耐力，又考鼓手（击鼓的人）的节拍，还考舵手（控制龙船方向的人）的机敏以及头旗手（护标旗的人）和标手（抢标的人）的胆量，更考全船人员的团结协作，因此参加夺标的都是经过精心挑选、有勇有谋的队员。

龙舟斗标的场景

赛龙舟当晚，各村坊筵开数百席，男女老少晚上吃龙舟饭。龙舟饭的菜式是传统鸡、鸭、鹅、鱼、猪肉，以及由龙舟赛会赠送的烧猪肉、米酒等。龙舟竞渡，既是村落、宗族之间的交流与竞争，也是节日里的民间盛事与狂欢。

龙船饭

七夕节

　　七夕节又有"乞巧节""女儿节"等不同的叫法。七夕节在岭南还有别样的称谓，如"七姐诞""七娘诞""摆七夕""拜七娘"等。岭南人对乞巧的追捧堪称全国之最，仪式之铺张、场面之热闹可与春节媲美。节日里，女子们摆巧、斗巧、拜仙、敬神、宴游、欢唱，独具一派南国风光。宋人刘克庄诗云："粤人重巧夕，灯火到天明。"乞巧的风俗在清末民初，更是十分兴盛。

民间乞巧赛艺会上的
参展作品

◀ 岭南女子展现巧手的节日

　　乞巧风俗在广州、东莞较为兴盛，其中以广州乞巧活动最集中。以规模最大的珠村为例，"拜七姐"活动自古就有着完整的程序和仪式，并一直保留至今。年轻的女子还会进行"摆巧"，她们会将自己精心制作的"巧物"摆出来让人品评，这些"巧物"有刺绣、珠绣、微型景观等等，还有极具特色的对影穿针"赛巧"环节。

◀ 常盛不衰的岭南乞巧节

　　千年古俗唯有岭南地区常盛不衰，与岭南特有的文化密不可分。广州俗语"第一游波罗（波罗诞），第二娶老婆"，虽是戏说波罗诞，但羊城乞巧节也会出现"看物人稀看人多"的有趣场景。岭南山川灵秀，充满南国水乡的浪漫情致，海外风情熏染，正是在这样一个相对开放的社会环境中，女性更希望能够通过一些节日来展示自由的个性，所以与七夕节日活动的全国性衰落相比，岭南七夕活动的生命力依然旺盛。

民间乞巧赛艺会上的
参展作品

中秋佳节近如何？饼饵家家馈送多。
拜罢嫦娥斟月下，芋香啖遍更香螺。

——（清）陈勉襄《羊城竹枝词》

广东的中秋习俗融合了岭南地方文化，形成了具有普遍性与地区性的节俗，例如"竖中秋"、"拜月娘"、"耍碌仔"、卖月光书、追月、扛竹篱、中秋对歌等等。同时，中秋节是大节，是一家团圆的日子，当天的菜肴，以及祭祀用的供品相当丰富，所以广东民间有句谚语是："冬唔饱，夏唔饱，八月十五食餐饱。"（"冬不饱，夏不饱，八月十五吃个够。"）

"耍碌仔"和"竖中秋"

　　儿童在大街小巷"耍碌仔"，这是旧时广州、东莞一带的和谐欢乐的景象。"耍碌仔"是民间儿童游戏。因"碌"与"乐"谐音，所以"耍碌仔"又称"耍乐仔"。"碌"即柚子，岭南地区俗称"碌柚"。最初的"耍碌"，是以柚子皮刻通花，中间点上蜡烛，儿童成群结队地提着柚子灯玩耍；后来则是用

"耍碌仔"

16

纸扎成各种动物、瓜果形状，给孩子们玩耍，孩子会边"耍碌仔"边唱民间《耍碌歌》："耍碌仔，耍碌儿，点明灯。识斯文者重斯文，天下读书为第一，莫谓文章无用处，古云一字值千金，自有书中出贵人……"歌文虽然在不同地方有不同的版本，但内容多以考取科举功名、家庭孝道为主。

"竖中秋"又称"树中秋"，流行于广府地区。在节前十多天，家家户户会用竹条扎制各式灯笼，如鱼龙灯、鸟兽灯、花果灯、鸡公灯等等，裱上彩纸或丝绢，画上各种图案和颜色。到了中秋之夜，点燃灯笼内的蜡烛，再用绳子绑在竹竿上，或用小灯砌成字形或各种形状，再将其"竖"于屋子的高处。富贵之家所悬挂的灯笼可达数百盏，挂在几层楼高的位置，还会用小灯砌成"贺中秋"的字样。平常百姓则竖一竹竿，竿上挂两个灯笼，也算是自得其乐。中秋挂灯笼，营造喜庆氛围，象征团圆意义。

"竖中秋"

"拜月娘"少不了的芋头和田螺

    "拜月娘",就是一项祭月仪式,表达了人们祈求月神降福人间的美好心愿。"拜月娘"的供品除了月饼之外还有柚子、芋头、柿子、杨桃等。由于芋母与芋仔相连,中秋吃芋头象征阖家团圆、家庭幸福;而且"芋头"在粤语里与"护头"谐音,有"维护家中领头人"之意,吃芋头体现出了家庭和谐。秋季田螺最为肥美,以紫苏叶作为配料,带出田螺香嫩脆滑的鲜味,中秋对月啜螺,情趣盎然。田螺多子,还蕴含"多子多福"之意,因此这一习俗沿袭至今。

珠江三角洲广府人的游艺娱乐

　　除了岁时的节庆活动习俗之外，广府人在日常生活中也会进行一些游艺娱乐活动。从这些游艺娱乐活动中，我们可一窥极具岭南特色的民间风俗习惯，这些民俗既保留着中原古老的遗风，也融合了外来民俗的痕迹，一些民俗也已经从当初的"敬神娱神"发展到现在的"自娱自乐"。广府人的民俗活泼明快，又充满南国水乡的浪漫情调，这些特点在广府人的游艺娱乐活动中得以体现，同时这些民俗活动也激发了广府人的遐思联想，鼓舞人们不断开拓创新的精神。

香火万家市，烟花二月时。
居人空巷出，去赛海神祠。
——（宋）刘克庄《即事》

波罗诞，又称为南海神诞、洪圣诞，为庆祝南海神诞辰而举行的迎神赛会活动，是岭南地区历史最久远、活动最盛大、影响最深远的民俗活动之一。

"五子朝王"巡游队伍抵达南海神庙

波罗庙：南海神庙的别称

　　南海神庙位于广州市黄埔区，最早建于隋代，是朝廷为祈求四海安定、海不扬波、风调雨顺而进行祭祀的重要场所。明代初年，民间开始将南海神庙称为"波罗庙"。主要因为南海庙前种植了几棵在当时极为珍贵的树种——波罗树。这些波罗树，自宋代就被种在庙里，结出的果实像冬瓜一样大，等到果实成熟后，剖开外壳，里面的果实吃起来甜蜜香浓，当地人就将它称为"波罗蜜"。在当时人看来，南海神庙的波罗树，是一种稀有神奇的植物，加上这些树在庙里种了几百年，当地老百姓就将"南海神庙"称为"波罗庙"，南海神庙的祭祀活动也因此被称为"波罗诞"。

波罗诞在每年农历二月举行，正诞日是农历二月十三日，古时候，诞期的活动时间持续较长，将近半个多月。

波罗诞上的祈福活动

波罗诞期间的活动，大致可分为文人雅集和乡民游神两类主要活动。南海神庙地理位置优越，宋代以来，羊城八景之一的"扶胥浴日"就在这里，苏东坡、杨万里、汤显祖等文人曾来此游览，留下很多经典的诗文。波罗诞期间，岭南各地的文人雅士只要是乘船，都会聚集在此举行诗歌雅集。而乡民们则会组织举行"五子朝王"庆典活动，包括祭拜游神、演戏娱神、水路市集等，热闹非凡。

波罗诞上的祈福活动

"五子朝王"巡游活动

"五子朝王"巡游活动

波罗鸡

　　在南海神庙周边区域流传着这样一首歌谣："我到庙会卖鸡头，你用门匙开锁头，家中有粽在镬头（锅里），要吃粽子坐炕头，食完饮茶润润喉。"这里说的粽子，便是波罗诞期间一种特色食品——波罗粽。波罗诞期间，南海神庙周边村落的家家户户，要迎接和招待从各地来游玩的亲朋好友。为此，他们要提前准备好粽子，方便随时来游玩的亲朋好友食用。因为这种粽子只在波罗诞期间制作，所以被称为"波罗粽"。

茶楼听粤曲

　　粤曲源于戏曲声腔，清代粤剧被禁时期，粤曲在"八音班"的基础上开始发展、繁盛，广泛流行于广东及广西的粤语方言区并流传到香港、澳门、东南亚和美洲的粤籍华侨聚居地。

　　粤曲的演唱内容主要为一些大众耳熟能详的民间经典故事，反映社会现实、伦理观念及风土人情，深受广大民众的喜爱。从早期的江湖卖艺者，鼎盛时期的明星艺人，到现今的粤曲私伙局"发烧友"或广大的粤曲爱好者，不管男女老少，都可以演唱粤曲。

粤曲爱好者的自发组织——私伙局

社区的粤曲演唱活动

私伙局，又称"曲艺组"或者"曲艺社"。一般被认为是粤语方言区民间曲艺爱好者组织的，以自娱自乐为目的，以自愿组合为基础的业余曲艺社团。

私伙局起源于清代"灯笼局"，因唱曲时门口悬挂灯笼而得名。清代，珠江三角洲地区一些大户人家，邀请民间艺人到府内厅堂唱曲，为了吸引客人到家中听曲，就在门口悬挂灯笼表示欢迎。如果灯笼被取下，则表示座满或者已经结束。私伙局，展现了民间对粤曲的喜爱，不仅扩大了粤曲的传播，还对粤曲的发展和改革有着重大的意义，是粤语方言区不可缺少的娱乐载体。

"一盅两件"，唱曲看戏

茶楼里一边吃着"一盅两件"，一边听着粤曲，这曾是广东人最经典的生活方式。

20世纪初，广州宝华路的"初一楼"茶楼开创出"一几两椅"的演唱形式，在茶楼中用木板搭起平台，台上摆上一张茶几，两旁各放置一张椅子，每天就邀请两名"师娘"坐在茶几旁边自弹自唱。这一形式受到了茶客们的欢迎。之后，茶楼酒馆开始专门设"茶座"，并邀请女伶现场演唱。这使粤曲与粤语方言区的生活、娱乐、休闲方式紧密联系在一起，形成了岭南特有的粤曲文化风俗。

此外，设粤曲茶座的茶楼大量涌现，成为一种社会风尚，从广州、佛山、东莞到香港，茶楼酒馆都以粤曲演唱为雅，品茶赏曲成为休闲与社交的时尚，粤曲文化与茶楼文化紧密结合，茶楼为粤曲提供演艺场所，粤曲也为茶楼赢得声誉。

醒狮

北隔五岭、南接大海的南粤大地，有着悠久的中外文化交融背景，孕育出务实进取、重商富民、民间信仰繁荣等特色鲜明的岭南文化，而南派醒狮则是其中极具生命力的一种传统艺术。

32

　　南派醒狮注重神似，造型威猛，舞动灵巧。民间最常见的醒狮节目是采青——"青"代表狮子需要捕获的食物，一般指捆扎着红包或者用红布包裹着的生菜，狮子把高高挂在门口的生菜一口"吃"掉，再把生菜"咬碎吐出"，以表达驱邪纳福、吉祥喜庆的美好期盼。整个采青过程要求舞狮者在惊天动地的鼓乐声中，做出或憨态可掬，或威武雄壮的神态，还要表现出狮子在采青过程中遇到艰难险阻时的喜、怒、醉、乐、醒的表情以及动、静、惊、疑、猛的动作等。

33

佛山黄飞鸿将民间武术梅花桩与南派醒狮套路相融合，开创了高桩醒狮一派，其技艺高超堪称南派醒狮之绝。"上桩"其实表现的是狮子上山觅食之意。桩有高低桩，好比高山和小山；桩与桩之间的距离犹如山涧、河流和悬崖。常见的桩有二十一条，从半米高到三米高不等，想要在桩上自由跳跃，需要一前一后、一上一下两个人的灵活配合。比如"桩上头坐"，就是要在高高的梅花桩上，狮尾的人将狮头的人举起坐在头上；桩上"钳腰饮水"，就是模仿狮子"上高山，趟水涧"的动作，狮尾的人要钳住狮头那人的腰，将其倒甩近三百六十度。

要舞南狮，先习南拳。南派醒狮融武术、舞蹈、戏剧、杂技、音乐等技艺于一体，突出一个"醒"字，即是粤语里所说的"霸气"和"灵气"，这对舞狮者的武术功底和心理素质都有极高的要求，但也恰好体现了岭南人民不畏艰险、锐意进取的精神。

醒狮表演

现代醒狮文化

舞狮在广东具有广泛的群众基础，如在广州白云、番禺、花都等地方几乎村村都有自己的醒狮队；佛山南海区各乡镇的醒狮队风采各异；此外，还有巾帼不让须眉的女子醒狮队。每逢喜庆节日、新张庆典、迎春赛会等，都可以看见精彩纷呈的醒狮表演。同时，舞狮作为中国传统文化，经由海外华侨之手在世界上发扬光大。在国外的中国城或华人街，舞狮已成为逢年过节的必备节目，是海外华人与家乡的感情纽带，是"记住乡愁"的一种寄托。

番禺钟村镇的舞狮文化

凌空飘动的造型艺术——飘色

　　广东飘色，最早起源于番禺，以番禺沙湾镇的飘色最为著名。飘色是戏剧、杂技和装饰艺术的综合体，是一种糅合了力学、音乐、表演、工艺等多种因素的民间游艺活动。

为什么叫"飘色"？

　　"飘色"的"飘"字，形象地展示了造型"凌空而立""飘浮空中"的岭南艺术特色。色，有景和色之意。广东"色"种特别多，有飘色、地色、马色、跷色、水色，还有春色和秋色，呈现出五彩斑斓、独具特色的民间展演艺术。

广东飘色

飘色外形的巧妙之处在于，人物的造型动作以及人物的组合在整个飘色活动中都是由幼童装扮，并且要保持一个姿势和动作不变。钢条和铁管焊接成造型需要的结构，人物的动作则是顺应这些钢铁框架完成的。由于这些框架依照角色动作而设计，所以当角色穿上服装后，结构框架也被藏在服饰中，从外面看，不留意是看不到这些起支撑作用的钢铁结构的。

沙湾飘色

飘色表演以板（也有称为版）为表演单位。所谓"板"，主要是以一个长1.53米、宽0.77米、高0.66米的柜子作为流动小舞台，这个柜子被称为"色柜"。在色柜的中间，艺人根据需要表现的场景或故事，用钢铁铸造成细细的支架，这种用钢铁制成的支架称为"色梗"。

38

表演时，将根据故事情节装扮的幼童固定在色梗上，她们或坐或站，装扮成不同的人物造型，这些幼童被称为"色心"。巡游时，由4—8人抬着色柜前行。

飘色表演主要是以色柜为展示舞台，以人物造型为表现形式，以故事传说为主要内容，你会看到站立或坐在色柜上的扮演者托起凌空飞腾的扮演者。飘色就是以这样的造型表达一个完整的主题。一个色柜为一个表演的色板（或"色版"），它也可称为飘色的图谱。由此可见，在广东地区，飘色巡演时常被邀请参加各地民俗文化节、文化巡展、迎神赛会等活动。

丘陵上的客家风俗

　　"筚路挑狐辗转迁，南来远过一千年。方言足证中原韵，礼俗犹留三代前。"晚清著名诗人黄遵宪曾在诗中描写了客家先民远离中原故土，历经磨难，艰辛南迁的史实。同时诗里也说明了，中原地区的风俗礼仪文化在客家风俗中得以保留，并流传至今，一些早已遗失在历史长河里的中原习俗能从客家风俗中窥见一斑。

"自古山歌从口出"

　　客家人长期生活在丘陵地区、大山深处，他们长期在山野间劳动、生活，逐渐形成了以客家方言演唱的地方民歌。

客家人的传统服饰

"自古山歌从口出，哪有山歌船载来"
——刘三妹对歌的传说

相传在唐代，梅县松口镇有一位刘三妹，拥有一副好歌喉，又能随口编歌，她唱歌好的名声传遍远近。于是很多人来找刘三妹对歌，但都唱不过她。

有一天，刘三妹和一群妇女姐妹正在梅江边洗衣服。这时，上游漂来一条船，船上站着一名秀才，他问洗衣服的妇女："哪位是刘三妹啊？我想找她对歌。"刘三妹问："你有多少山歌，敢来找她对歌？"

秀才指着船唱道："讲唱山歌我就多，船上载来七八箩，拿出一箩同你唱，唱到明年割秋禾。"

刘三妹一听，暗自好笑，随后唱道："河边洗衫刘三妹，借问先生哪里来？自古山歌从口出，哪有山歌船载来？"

刘三妹用这首歌表明，唱山歌是即兴创作，全靠歌手的即时创编能力，死读书是没法对出歌来。秀才半天也答不上半句，羞愧地调转船头走了。此后，刘三妹的名声，传遍客家各地。

> 河边洗衫刘三妹，借问先生哪里来？
> 自古山歌从口出，哪有山歌船载来？

43

四句七言体的客家"说唱"和男女情歌对唱

客家山歌，是指用客家话演唱、由男女歌手即兴创编、一对一的山歌对唱。即兴口头创编这一特色是客家山歌作为民间文学最为经典和优秀的呈现。优秀的山歌歌手甚至可以对唱长达数小时以上。山歌多以四句七言体，如下面这首即兴创作的传统情歌：

客家山歌

打鼓爱打鼓中心，打到鼓边无声音。
连妹爱连有情义，连到无情枉费心。

44

新打茶壶八面花，好壶唔装隔夜茶。
好马唔吃回头草，黄蜂唔采过时花。

客家擂茶

我国早期的饮茶方式是把茶叶拌在生米中一起煮着吃，这在晋代就有记载，所以有"吃茶"这一说法。这种饮茶方式与客家擂茶息息相关，到了宋代，文献里详细记载了擂茶的制作原料、工具和方法。这种擂茶传统，至今在客家地区得到了保留和传承。

客家人热情好客，以擂茶待客更是传统的普遍的礼节，无论是婚嫁喜庆，还是亲朋好友来访，都要请喝擂茶，这是客家人生活、社交中不可缺少的部分。

客家"擂茶三宝"——擂钵、擂棍、捞瓢

　　"擂茶三宝"，就是陶制的擂钵、擂棍和捞瓢，这是制作擂茶必不可少的工具。陶制的擂钵，一般是一种口径 50 厘米且内壁有粗密沟纹的陶盆，用来承装擂茶的各种材料。擂棍是用上等山楂木或油茶树干加工制成的约 85 厘米长的木棍，和擂钵一起用作研磨擂茶的工具。捞瓢，又叫捞子，用竹篾制成，主要用来捞滤碎渣。

客家"擂茶三宝"

一把好茶叶、适量芝麻、几片甘草等，就是擂茶的制作原料。

将它们放进擂钵，用手握着擂棍沿擂钵内壁，顺着沟纹走向进行有规律的旋磨，或者在擂钵中间进行捶打，将茶叶等研成碎泥，再用捞瓢滤出渣，钵内留下的糊状食物就叫"茶泥"或"擂茶脚子"。再冲入沸水，适当搅拌，加上炒米、花生米、豆瓣、米果、烫皮等，就是一缸集香、甜、苦、辣于一体的擂茶了。品尝擂茶时，茶桌上洋溢着一种诱人的清香，真是"一口试饮，口舌生津，满腔留香；二口深饮，神清气爽，通体舒畅"。

茶叶

芝麻

花生米

陆河擂茶制作技艺——擂茶
（上方左图由汕尾市陆河县文化馆提供）

客家擂茶中使用的药材有哪些？

制作客家擂茶除了要用好茶、芝麻和甘草为主要原料外，配料可根据时令进行变换。春夏湿热，可采用鲜嫩的艾叶、薄荷叶、天胡荽；秋日干燥，可选用金盏菊、白菊花、金银花；严冬寒冷，可用桂皮、胡椒、肉桂子、川芎。还可按人们的需求，配以不同的药材，形成多种多样的擂茶。如加茵陈、白芍、甘草，就成为清热擂茶；加鱼腥草、藿香、陈皮，就是防暑擂茶……使得擂茶有一种独到的强身健体功效。因此，客家有俗谚说："喝擂茶，吃粑粑，壮身体，乐哈哈。"

客家娘酒

娘酒是客家人一种独特的饮品，与客家人的日常生活和习俗密切相关。在客家地区，无论婚丧嫁娶、祭祀、金榜题名还是宴请宾朋都离不开娘酒。

客家娘酒的传说

相传，客家的先祖为了躲避战争和饥荒，从中原地区不断南迁。由于长途跋涉，大家疲劳不堪、体力不支。正当大家累得实在走不动时，一阵微风带着清香扑面而来。原来，前面有一位老者，提着一个木桶，木桶里传出阵阵香气。老人从木桶里舀出一瓢瓢清澈的液体分给大家喝，大伙喝完后顿感清爽，体力马上恢复了。他们问老人家，这是什么。老人回答，这是用糯米酿成的酒。随后，老人就将酿造方法告诉了妇女们。后来，先祖们在广东梅州定居，妇女们就用老人传授的方法将酒酿造出来，这个传说也代代流传下来。

因为在传说中，这些酒是妇女们在老人的传授下才得以酿造出来的，所以客家人就将这种酒称为"娘酒"。客家娘酒的传说，体现了客家民系几经迁徙的历史和客家人克服苦难的精神，同时也表现了客家人与中原人在"酒"文化上的关联。

客家娘酒

在客家人的日常生活中，几乎家家户户都精于酿造娘酒，因此在村里，总能见到酒瓮、酒缸放在屋子的庭前院后。逢年过节，客家妇女都要在自家的灶头和院子里酿造娘酒，这是妇女展示自己酿酒技艺的时刻。娘酒的酿造过程十分严谨，客家人有"酿酒做豆腐，无人敢称老师傅"说法，意思是说，即便酿造了几十年娘酒的老师傅，在酿造过程中也不敢大意。

梅县客家娘酒的酿造

客家娘酒与客家人的人生礼仪

客家人一生中有喜事，都要摆筵席宴请宾客，称之为"做酒"。如小孩出生三天要做"三朝酒"，满月要做"满月酒"，生子、结婚送贺礼称为"送酒担"，成年结婚上轿前喝"暖轿酒"，喜宴喝"完婚酒"，老人家寿辰时喝"生日酒"。每逢这个时节，男女老幼也禁不住小酌几口酒。

客家人除了酿造娘酒留给自家喝之外，还把它当做礼品。在婚礼中，娘酒是女方回赠男方的礼品，女方把自家酿制的娘酒和其他礼品一起用扁担挑送，俗称"送酒担"。如果客家人生了孩子，婆家要备一壶娘酒、一只公鸡、一挂鞭炮，送往女方家里报喜。

送酒担

新丁出生忙添灯

　　每年正月初九至十九期间，客家人都要为本族新出生的男孩在祖祠挂一盏新灯笼，以告慰祖先，寓意人丁兴旺，这被称为添丁上灯、赏灯、升灯、响丁。在客家宗族社会，凡是男孩都要举行上灯仪式，一生只有一次。

添丁上灯

　　在客家方言中，"灯"是方言"丁"的谐音，又是光明、希望、生生不息的象征，借上灯来庆祝添丁，庆祝和祈求本族生命的延续。另一方面，客家人同宗同族每年通过上灯、共同祭祖、慰祖来增强凝聚力，上灯文化由此传承下来。

一家添丁，全村庆贺

当年举行上灯仪式前，各族族长和族人共同商讨上灯的议程，做好分工，选好主持司仪和各个环节的负责人员。当年需要上灯的家庭提前挑选好花灯，准备好祭祖用的三牲、酒水、鞭炮、香烛等用品。

接下来最重要的仪式，就是祭祖升灯。上一年添了新丁的家庭，全部集中在祠堂，由家族长者主持，一起烧香燃烛祭祖。祭祖过后，点亮备好的花灯，逐个升到祠堂上厅的"丁子梁"三分之一的高度，以示添丁，新"丁"由长辈抱着向祖先鞠躬、作揖、敬香。其间，舞狮队在旁欢腾跳跃，伴随着锣鼓声、鞭炮声，热热闹闹地庆祝本族香火延续，非常隆重热烈，有"一家添丁，全村庆贺"的气氛。

过去，客家地区只有"男丁"才能上灯，随着现代文明社会发展，女孩也可以上灯了。而新婚上灯也给花灯赋予了纳子祈福的内涵，成为人们庆贺繁衍生子、薪火相传、感恩祖先的民俗载体。

客家的添丁上灯举行时间与元宵节临近，而且这两种民俗活动又都与赏灯有关。因此，很多人容易混淆上灯与元宵节。元宵节是中国传统节日，人们会在圆月下赏灯、猜灯谜、吃元宵，庆贺新春。客家上灯，其主要目的在于庆祝新生命的诞生，并祈祷祖先庇佑子女健康平安，而且上灯活动一般会在祖祠举行。这两种民俗活动的主题、内涵和活动场所有很大的差异。

竹马舞

竹马舞，顾名思义，就是用竹子扎成马的形状，马身上糊以各种色纸，以白、黄、红、黑、棕等色调为主，再用绸缎、珠花等加以装饰。表演时，表演者将竹马系在腰上，表演时就像人骑着马，一边舞动一边演唱，活灵活现，诙谐幽默。

客家竹马舞表演

客家竹马舞有什么独特之处？

竹马舞全国各地皆有，广东客家地区的竹马舞独具特色，丑公、丑婆舞扇花，新郎穿袍骑竹马，侍女紧跟撑幌伞，表演内容热情奔放、诙谐风趣。音乐曲谱为热烈奔放的民间小调，配以元宵观灯为主要内容的歌词。如"正月里来是新年，弦箫鼓乐闹连连，普天欢庆元宵节，家家结彩又张灯"（新年调）；"龙灯凤灯高三层，层层镶有七盏灯，金龙金狮玉麒麟，百鸟朝凤舞翩跹"（观灯调）。

客家竹马舞演出角色众多，有竹马郎、竹马娘、丑公、丑婆、推车手、浪伞女、唢呐手、礼品女、妹子等等。在欢快的音乐声中，竹马郎穿袍骑竹马，竹马娘摇扇坐舆车，丑婆手执罗帕张口笑，丑公弯腰手推车，侍女打幌伞，俏妹头顶六畜灯，俊男吹奏唢呐，全体演员载歌载舞，表演中不断变换队形，精彩场面令人过目难忘。

客家竹马舞的服装和道具

竹马舞的服装有两类：一类是竹马郎、竹马娘、丑公、丑婆、推车手以及浪伞女，他们着古装，其中竹马郎和伴郎戴头饰，头插花翎，但不画脸谱；一类是唢呐手、礼品女、舞女、随从等，他们一般身穿时装，其中舞女可以统一穿着时下流行的各类舞蹈服。

竹马舞的表演道具除竹马外，还有浪伞、彩扇、鱼灯、兔灯。现在竹马舞的道具，除了彩扇可以从市场购买外，其他的道具都是由传承人自己制作。其中，竹马以竹篾编框，外以宣纸糊层，现在已经将宣纸改由毛巾代替，白马用白色毛巾，赤马用赭色毛巾，马的鬃毛也由这两种颜色的毛线制作。竹马的马头长约 50 厘米、高 80 厘米，马身长 120 厘米，马背宽 50 厘米。马头和马脖是一个整体，和马身分开，表演时再组装到一起。

耕海细作：潮汕人的礼俗与歌舞

　　潮汕民俗具有悠久的历史和鲜明的地方特色。潮汕人重视人生的礼俗，一个人从出生、成年至老去，通常要经历催生、开腥、满月、周岁、入学、成人、结婚、祝寿、丧葬等礼俗。在潮汕民俗活动中，虽然很多具有文化特色的潮汕习俗已经流于形式，或注重表演性，或具有创新性，有的甚至已经封存在历史的长河里。但是潮汕民俗保留着很多中原传统文化的遗存，这也是潮汕人一直引以为荣的地方。

工夫茶

在潮汕，每家每户的茶桌上、田地里的菜棚、纳凉的树荫底下，卖东西的小店，工地的休息区等等，都备有一套独特的工夫茶具，在忙碌喧嚣的生活中，"食茶"（即喝茶）是一种亲切融洽的感觉，漫上心头的时候，会给人一种"偷得浮生半日闲"的惬意。

1. 洗杯

2. 落茶

3. 冲茶

4. 刮泡沫

　　《潮嘉风月记》中认为，泡茶首先要用一套精致的茶具，再根据品茶者的人数来摆放杯子；将泉水用细炭煮到刚刚沸腾，将茶叶放进在茶壶中冲泡，然后盖上茶壶盖后，用泉水在壶身上浇灌；最后，茶泡好后，就可以将茶倒出来细细品尝。可见，在清代，潮州工夫茶已十分普遍，而且泡茶的程序已经和现代工夫茶的程序十分相似了。

5. "关公巡城"

6. "韩信点兵"

7. 看茶

8. 喝茶

究竟是"工夫茶"还是"功夫茶"

功夫茶，其实应该写为"工夫茶"。它并非一种茶叶或茶类的名字，而是一种泡茶的技法与茶具的结合。"工夫"二字，在潮汕话中具有做事考究、细致用心的意思。潮汕地区，称带有一定技术含量的工种之人叫"做工夫人"；把做事考究、细心得有点过分的行为，叫做"过工夫"。因此，加上"工夫"二字的潮汕工夫茶是一件很讲究的休闲活动，体现了潮汕人对精制的茶叶、考究的茶具、优雅的冲沏过程，以及品评水平、礼仪习俗、闲情逸致等方面的整体活动。

潮汕工夫茶
（汕头市文化馆提供）

潮汕人喝工夫茶一般只用三个茶杯

潮汕工夫茶，既是一种地方民俗文化，也是茶道的一种，融合了礼仪和精神，是"潮人习尚风雅，举措高超"的象征。

潮汕人喝工夫茶一般只用三个茶杯，从精神和文化角度解释，三个茶杯并围一起，形成一个"品"字，有"品茶、品德、品人生"的含意，凸显出潮汕人注重品德。四五个人围坐在一起喝茶，杯子只有三个，大家相互谦让，互动增加了，氛围就会变得更加融洽，人与人之间的感情交流也会加深。

从实用性的角度解释，潮汕工夫茶常用的茶具一般是小巧的孟臣壶，一泡茶刚好能斟满三个杯子。杯子多了，每杯茶斟得不够，显得小气又不礼貌；杯子少了，过多的茶水会溢出来，茶壶里如果剩下了茶水也不妥。因此，三个杯子是最合适的数量。

"出花园"

"出花园"是潮汕人一生中的一个隆重节日，每一个到了十五岁的孩子都会在七夕这一天举行属于他的成人礼，仪式隆重且极具意义。

"出花园"习俗

潮汕有句俗语"十五成丁，十六成人"，十五岁的"出花园"，就是潮汕人的成人礼。

过去医疗条件比较差，孩子的成长过程中存在各种隐患。在潮汕地区，父母为求子女平安长大，把孩子托给当地的神明——"花公花母"来保护，因此潮汕地区又称孩子为"花仔"。当孩子十五周岁来临之时，家里的大人们就会用纸做成花园和花盆，让孩子坐在中间。经过一系列成人礼之后，让孩子从纸做的花园和花盆里走出来，再烧掉"花园"，这一整套成人礼仪式，就被称为"出花园"。潮汕当地"出花园"有两层意思：一是拜公婆神祈求子女平安成长；二是举行过出花园，孩子就成年了。

潮汕的"出花园"仪式十分讲究，每一项都有它独特的意义。这一天，还要宴请亲朋好友，收送礼物。席间，家人和亲戚向孩子送上祝福，以表达美好的愿望。

1. 仪式讲究 ——拜公婆神、"跳花园墙"

在潮汕地区的人们认为"出花园"需要祭拜公婆神，感谢他对孩子十五年来的保护。而在感谢公婆神的日子上，潮汕地区大多选定在每年的农历七月初七，也就是七夕节当天。在"出花园"的当天，家中长辈带着要进行"出花园"的孩子，还要带上供品，然后去村里的庙宇祭拜公婆神。其中有一个是"跳花园墙"的仪式，意思是孩子跳完花园墙之后，就已经步入成年人的世界，不再是过去贪玩的小孩子了。

2. 服饰讲究 ——"穿红木屐"

"出花园"这一天孩子要穿新缝的新衣，脚着新的红木屐，更显得潇洒成熟。这一服饰的寓意是期待孩子能够像明代潮州状元林大钦一样，穿红木屐走状元路。

"出花园"仪式

这一天吃早餐，一定要吃一只鸡。男孩"出花园"的祭品中要有一只公鸡，女孩"出花园"就用母鸡，当"出花园"的孩子的生肖属鸡时，就要用鹅代替鸡。"出花园"时，孩子的座位也是有讲究的，这一天，他用餐要坐在正位，鸡头朝着他，别人不可乱动，由"出花园"的孩子一个人吃掉鸡头，寓意希望孩子长大后能出人头地，独占鳌头。

早上吃鸡

"拜老爷"

　　"拜老爷"是潮汕人祭拜祖先、神明特有的传统习俗，潮汕"拜老爷"的传统最直接体现出来的是中华民族的血缘伦理、宗族观念、祖先崇拜、伦理道德等，这是民间传统文化的重要体现。

潮汕地区的"老爷"

　　神明的庙宇不论规模大小，潮汕地区的人们都统称为"老爷宫"，神明也一概称"老爷"。平时所谓的"拜老爷"，多指祭拜这些神明。"老爷"是所有神明的统称。潮汕地区崇拜的神明众多，既有崇拜道教、佛教及民间神明，还有崇拜闽越和南越本地的神明，甚至还会崇拜土生土长的神灵。潮汕地区普遍供奉的神明有玉皇大帝、天公神、土地神、三山国王等，以及由外传入的妈祖、开漳圣王、三保公等。

　　"拜老爷"这种民俗文化在潮汕地区长期兴盛发展，是与当地社会历史发展和文化生态背景紧密相关。

　　潮汕人热衷于"拜老爷"，一个原因是潮汕地区自然灾害频发，天灾人祸过多，人们希望通过神明保佑，求得人丁兴旺，社会平安。另外一个重要原因是由于潮汕人的"漂泊"史。潮汕本土资源较为匮乏，地少人多，耕地已经无法支撑潮汕人口增速。在 19 世纪初，大量潮汕人向东南亚移民，向外移民的潮汕人，通过对地方神明崇拜和祭祀来维系族群内部的团结，增强凝聚力。

　　"拜老爷"是潮汕人的信仰精神世界，衍生了潮剧、木偶戏、大锣鼓、英歌舞、舞狮、花灯、潮绣、金雕木漆、石雕、嵌瓷等潮汕民间文化。因为，最初的潮剧是唱给"老爷"听的；最初的潮绣是用在"老爷"的衣服以及"营老爷"的彩旗上的；最初的石雕、嵌瓷、金雕木漆也是为营造"老爷宫"和"祠堂"而产生的工艺类型。

嵌瓷

金雕木漆

石雕

大锣鼓

舞狮

花灯

潮绣

木偶戏

英歌舞

　　英歌舞是一种民间舞蹈形式，它融合了舞蹈、戏曲、武术搏击、脸谱等民间艺术。英歌舞的故事情节来源于《水浒传》，表现梁山泊英雄的豪情斗志和英雄气概，是一种体现男性阳刚气息的群体舞蹈。舞蹈内容如梁山好汉攻打大名府，营救卢俊义，梁山英雄劫法场救宋江等。英歌舞表演风格威猛、雄浑、粗犷、豪迈，体现了中华民族果敢、坚强、团结战斗、勇往直前的可贵品格和精神风貌。广东英歌舞一般在汕头潮南、汕头潮阳、潮州潮安文里、揭阳惠来县神泉、汕尾甲子等地方流行。

化完妆后的小英歌队员们

家长正在给准备表演英歌舞的孩子上妆

表演者的脸谱是根据梁山泊中的人物形象、性格特征而定的

英歌舞距今已有四百多年，关于它的由来，有很多种说法。据说三百多年前，外江戏到普宁、潮阳一带演出"梁山好汉乔装攻打大名府救卢俊义"的故事，边唱边舞。当地群众学了他们的戏，在演出过程中逐渐删去唱的部分，保留和发展了舞蹈的部分，从而成为今天的英歌舞。

舞蛇者是英歌队伍的灵魂

泥沟村里热闹的英歌队伍

清代《潮州风俗考》中解释英歌舞的由来：春天的时候，几十个农民一起在田里插秧，但是耕作实在太辛苦了，于是他们就让其中一人锤鼓助威，一通鼓乐之后，农民们配合鼓声，和着歌声互相竞争着进行插秧，从而提高了劳动效率，因此就将这种歌叫做"秧歌"。因为秧歌的"秧"在潮州读音中与"英"字颇为相近，于是在民间辗转流传，久而久之就转化为"英歌"。

水浒英雄中的时迁和李逵扮演者正在斗舞

热闹的英歌表演

英歌槌

英歌舞主要的表演器具是"英歌槌"。"英歌槌"的长度一般为 40—60 厘米。女子用的一般比男子用的要短，一般是 40 厘米左右。每位表演者两手各握一根英歌槌，根据舞蹈节奏和队形，在空中舞动或者敲击英歌槌。

表演者正用英歌槌表演

捕鱼人的梦与歌——汕尾渔歌

　　渔歌是中国民歌的一种，为中国沿海地区以及湖泊港湾的渔民所传唱。渔歌主要流行于广东汕尾市，因此统称为汕尾渔歌。汕尾渔歌分为深海和浅海两类，前者是深海作业渔民所唱，近似咸水歌；后者是海边渔家妇女所唱。我们通常所说的汕尾渔歌主要指浅海渔歌。

渔民分为陆上渔民和海上渔民两种。海上渔民又分为"拖船"渔民（从事深海拖网作业的渔民）和"瓯船"渔民（一家大小住船上，在浅海居住的渔民），"瓯船"渔民俗称"疍民"，所以渔歌亦称"疍歌"。传统的汕尾渔歌是指"瓯船"渔民所唱的歌调，具有极为鲜明的艺术风格而自成一体。

汕尾渔歌有捕鱼歌、恋情歌、婚嫁歌、斗歌、生活情趣歌、后勤服务歌等多种题材，用以抒发"瓯船"渔民在漂泊无定的水居生活和艰险的捕鱼生产劳动中的情感体验。陆上渔民在纺线、织网、造船、补网等日常劳作中，也会伴随着劳动节奏情不自禁地哼起渔歌。

汕尾渔歌的歌词特点

汕尾渔歌的歌词格式多为七言四句体，每句都加有衬字，结构工整，用韵也有自己的特点；歌曲中融入了渔民熟悉的鱼、鸟、船、帆以及海水的颜色、海浪、浪花等物象，使歌词显得生动活泼、饶有趣味，具有浓郁的海洋生活气息和韵味。

汕尾渔歌的演唱方式

汕尾渔歌均用汕尾方言演唱，演唱方式既有独唱，也有多人参与的齐唱，还有合唱。曲调独特丰富，具代表性的有担伞调、东风调、丰收调、姑妹腔、大纭歌等。其调式除基本保留民歌的五音外，还有明显的有音无义的"拖音"和"复沓"，即拖腔处唱词的重复；旋律发展也有特殊的节奏型，主干音、落尾音等均有自己的特点。

汕尾渔歌的音乐价值

汕尾渔歌节奏缓和、音乐和谐、旋律优美细腻，是一座具有宝贵文化艺术价值的音乐矿藏，现当代不少音乐名家所创作的小提琴曲、钢琴曲和歌曲，都曾从中汲取了丰富的养分。

你们知道吗？著名的《军港之夜》《春天的故事》等歌曲的开头旋律，就是来自于汕尾渔歌。

雷州半岛的"雷"文化与"雷"民俗

　　雷州半岛的民俗文化具有独特的地方特色、原始意蕴和丰富多彩的形态，是岭南文化的重要组成部分。雷州半岛民俗文化概称为"雷"文化，具有地域性、历史性、人文性、地理性，甚至还融入了气象的概念和意义。现代的雷州民俗文化，已经成为雷州重要的节日，精彩的民俗表演更是吸引了成千上万慕名而来的游客。

粤西"睇年例"与"吃年例"

门前合水白茶花，云角高山挂月牙。
打鼓敲锣年例起，猥男带女探娘家。
——柯永泰《年例》

所谓"年例"，就是年年有例，雷州半岛地区又叫"游人"或"元宵"，是粤西地区特有的与祭祀相关的文化活动，也是一个传统而重大的节日，数百年来盛行不衰，民间素有"年例大过年"之说。传统的年例集敬神、酬神、祭祀、祈祷、欢庆、宴客为一体，祈祷风调雨顺、百业兴旺、国泰民安。

村与村之间的年例是错开时间举行的

粤西各村举办年例的时间有所不同，是由做年例的村庄在一年里选择某个固定的日子作为自己村子的年例活动日，所以年例节是"同节不同日"，主要集中在每年的正月和二月。

古时岭南百越湿热多雨，多山风瘴气和蛇蚊蝇鼠，一到仲春时节，就会发生瘟疫，祸害人畜，妨碍春令耕作。在狭隘意识下，疫病发生时，各村各社就会举行仪式驱邪禳灾，于是就形成了一村接着一村举行仪式的局面。各村的年例参差交错、此休彼起的局面最初就是这样形成的，同时也为了便利客主互访、东西往来。

　　"游神"是年例活动中最隆重、最热闹的环节。游神一般从年例活动当天的早上开始，巡游队伍从庙里出发，巡游的神祇根据各地供奉的神灵，有风、雨、雷、电、水、火，以及财神、灶神、土地神、关帝、康王、华光、冼太夫人等诸神；巡游队伍有彩旗、香炉、纸船、炮手、长号、唢呐和锣鼓等相随，沿途各家也都会燃放鞭炮以迎神。

　　年例期间，"吃"这个字始终贯穿其中。首先是摆给"神"吃，在年例活动开始前，各家各户就已经准备了供品供菩萨享用，叫做摆醮——它是年例活动中最传统的节目，在过去被视为年例的重头戏。所谓摆醮，就是各户选取家中最肥的大阉鸡，拔毛去内脏后将整只鸡煮成金黄色，端正地放在托盘里，鸡的头部向上微弯，旁边添上一盘煮熟了的猪肉和一条鱼，俗称"三牲"。年例期间，各家各户招待宾客朋友"吃年例"，主人家会早晚不停，宾客随到随吃，无论是否熟悉，一概欢迎。

年例期间，各村都有飘色、木偶戏、舞狮、舞龙、粤剧等民间艺术演出，这些演出原来是表演给神明"看"的，但后来发展为村民的自娱自乐活动。部分地区还有"贺灯"习俗，也就是俗称的"点灯"活动，有些是游灯，有些则是将灯悬挂在村庙前。年例中的游神、宴客、贺灯、看大戏等系列仪式，体现了粤西年例这一民俗的多元性，展现了人们的精神信仰和宗族认同的乡土情结。

雷神雷祖崇拜

雷州半岛静电感应比其他地方强烈，而且雷雨特别多。因此，大多数人认为，雷州半岛是因为雷多而得名"雷州"。

雷州半岛先民对雷电极为恐惧，以为是雷神在作祟，因此建了雷神庙，举行种种祭雷仪式和活动，形成独具地域特色的雷神崇拜。

雷神和雷祖是同一个神仙

雷祖崇拜是源自于雷州半岛群众对雷祖陈文玉的祭祀、信仰与崇拜的习俗。陈文玉在唐朝贞观年间出任雷州第一任刺史，在任期间他致力于促进雷州半岛民族文化融合，去世后广受当地百姓尊崇，被尊为"雷祖"。从唐代至清代，雷祖多次被朝廷褒封，并在历史发展过程中逐渐与雷神的形象融合。

雷祖是雷州地区祖先神与自然神的结合体，其信仰融合了图腾崇拜、祖先崇拜和道家信仰等多种内容，反映出古代中原文化与岭南百越文化的交流融合，对沟通邻近地区、族群的友好往来，构建和谐互信的社会关系都起到了积极作用。

明代冯梦龙在《警世通言》记载："从来说道天下有四绝，却是：雷州换鼓，广德埋藏，登州海市，钱塘江潮。"

"雷州换鼓"源自于雷州先民求雷、盼雷、敬雷、祭雷的活动。雷州先民们将新鼓换旧鼓，以人类的虔诚换来天神的垂注，换来人间的风调雨顺、国泰民安。在换鼓仪式中，人们会唱雷歌、演雷剧、奏雷乐、跳傩舞等等，现场旌旗招展，锣鼓齐鸣。

换鼓仪式当中，击鼓方式是非常讲究的，慢打一轮，紧打一轮，一轮轻点，一轮重擂，每轮击鼓必须是十八槌。当击鼓到了第六轮的最后一槌，也就是第一百零八槌时是最为响亮。在这一槌落鼓的同时，迅速将预先选好的新鼓换去雷坛上的旧鼓，顷刻间千鼓竞发，百里可闻，有如晴天霹雳，电闪雷鸣，风雨接踵而至。新鼓一经换上就引来"雷"声，证明天神已收到雷鼓，祭雷活动进入高潮。所以有人欢呼"雷州打雷好"，也是雷州雷文化的一个特色了。

舞貔貅、叠罗汉

貔貅舞是流行于广东湛江的一种独特的传统民间舞蹈，每逢新春元宵佳节或喜庆之日，当地群众都要舞貔貅，或配合国技武术队伍和各式飘色，共同游行表演庆贺节日，以祈福驱灾，保佑平安，寄托劳动人民对美好生活的祈求。

貔貅的样子

貔貅，又名天禄、辟邪、百解，是中国古代神话传说中的一种神兽，龙头、马身、麟脚，形似狮子，毛色灰白，会飞。貔貅凶猛威武，传说它在天上负责巡视工作，阻止妖魔鬼怪、瘟疫疾病扰乱天庭和凡间。古时候人们也常用貔貅来作为军队的称呼。它有嘴无肛门，能吞万物而从不排泄，可招财聚宝，只进不出，神通特异。因此，尚武的古越人在祭拜神祇或图腾时，便将瑞兽貔貅作为拜祭对象。

貔貅舞类似醒狮，但貔貅的神态和狮子截然不同，复杂的舞蹈花样和形式更是独绝，湛江舞貔貅又有一绝，那就是"叠罗汉""上牌山"。

表演"貔貅上牌山"时需要五十多人用盾牌相托，搭成三层人塔：底层二十八人，第二层八人，第三层三人，貔貅由两人扮演，舞于顶端；另有十多人组成人梯，貔貅从人梯登上塔顶。舞貔貅时搭人塔者可充分利用盾牌造型使舞蹈富于变化，并为貔貅上牌山做铺垫，以突出登顶的高潮，让人充分感受这强劲阳刚之美。貔貅起舞时，人塔随着锣鼓节奏慢慢旋转移动。从貔貅出场、扑食、翻滚、挠痒、戏水到登上塔顶采青，人体相叠，高空舞耍，奇险横生，极具视觉冲击效果。

叠牌山（李超铸摄）

貔貅出游
（吴思明摄）

93

戴着面具跳舞——傩舞

傩舞是广泛流传于各地的一种具有驱鬼逐疫、祭祀功能的民间舞蹈，是傩仪中的舞蹈部分。一般认为，傩舞起源于上古氏族社会中的图腾信仰，具有原始信仰的基因。

古代跳傩舞的人会根据自己的想象，将对雷公和祖先的崇拜、对自然的敬畏和对雷图腾文化融合在一起，模拟出雷公和五方雷将，并用青、赤、白、黑、黄五种颜色来绘制面具，线条朴实、夸张，色彩鲜明和谐。

雷州傩面具上体现的"神灵气质"

雷州傩面具，在造型特征上，五雷神将为凶相：竖发、方脸、长耳、突颧、凸眼、大鼻、扁嘴、獠牙，具有豪放不羁、粗犷狞厉的精神特质；历史英雄人物如"舞二真"和"舞六将"等为善相：椭圆脸、长耳、八字眉、杏眼、圆颧、高鼻、阔嘴，额头上饰有头冠，具有端庄俊秀、威武轩昂的气概。面具头部多饰螺纹和龙鳞纹，除雷公外，其他面具均饰波浪纹，应与水神崇拜有关。对后人来说，这些面具也成为一种艺术品，得到诸多艺术家的青睐，给予他们许多创作灵感。

目前雷州半岛地区的傩舞，从舞蹈表现形式和动作风格特点来看，可以分为两类：一是表现五雷神将，以摇头、拧身、蹲颤、绕腕、推指（香火诀）、碎步、踏跳为主要动作，加上斥喝之声，整个舞蹈场面显现出一股狞厉恐怖的威慑煞气；二是表现历史英雄人物，在兵器的舞法以及套路的变化与衔接上，展现富有矫健英勇的神韵和英武果敢的大将风范。总体说来都具有浓郁的原始色彩和强烈的生活气息。

雷州南兴的傩舞"考雷将"

从神秘、粗犷、勇猛、承载着传统文化的傩舞中，我们可以看见先民们旺盛的生命力，看见让民族繁衍不息的动力。这从远古走来的"傩"信仰，随着历史的流变与发展，也在不断地丰富自身，传递着中国传统文化"礼、义、仁、孝、忠"等精神。

95

麻章区旧县村的傩舞"考兵"

雷剧

薄暮人人射猎归，城端秀塔挂斜晖。

雷公庙里多箫鼓，十里风吹出翠微。

——（清）屈大均《雷阳曲》

　　雷州的艺术形式基本源于神灵崇拜，大多在神诞期间表演的雷剧也被当地人称为"年例戏""神诞年例戏"。现如今，雷剧日益完善，已经并不仅仅是"神诞戏"，其娱乐功能正逐渐增强。

雷剧的神"韵"

　　戏剧是一种和语言息息相关的艺术形式，每一种地方戏剧都与其方言有着紧密关系。雷剧也是如此，可谓无雷州方言，不成雷剧。雷话比较完整地保留了中古汉语中平、上、去、入和各分阴阳的调类格局。雷剧融会了楚风、汉赋、唐诗、宋词的精华，保留了雷州方言的声调韵律，自由轻松，朗朗舒缓，带有浓郁的民俗生活气息。婉转的唱腔再融合雅致的韵脚，使雷剧更加具有独特的地方神"韵"。

雷剧有哪些独特行当呢？

雷剧的行当、表演程式、服饰等都不同于其他剧种，传统剧目和新创剧目均十分丰富，代表作剧目有《抓阄村长》《陈瑸放犯》《雷神的传说》《梁红玉挂帅》《大义定雷州》等。雷剧表演行当除生、旦、净、末外，还有如骚旦（又称花旦、艳旦）、婆脚（老妇人）、乌衣（中年妇女）、瘦仔（打筋斗演员）、杂脚（打诨插科的滑稽演员）等独特行当；还有脱绳、吊辫、椅子功、吐牙、喷火等特技表演。

雷剧戏服

雷剧的传承悠久，具有浓郁的乡村气息和鲜明的地方特色，保存有传统剧本千余个，为研究雷州半岛的历史、经济、文化和民间信仰、社会心理等提供了宝贵的材料。

97

雷剧保留剧目《仙姬送子》

粤北山区瑶族、壮族、畲族的民族节庆

　　瑶族、壮族和畲族是岭南粤北地区的三个主要的少数民族，他们历史上形成的在婚姻、称呼、起居饮食、服饰、节日、丧葬禁忌和宗教信仰等方面的民族习俗，具有独特的魅力。其中在民族节庆中展现出来的民俗文化，带有浓浓的少数民族风情，随着社会的发展不断得到继承和发扬。

"耍歌堂"

　　排瑶是中国四大瑶族支系之一，排瑶习惯聚族而居，依山建房，他们的房屋排排相叠，形成了一个个山寨，因而被人称为"瑶排"，而这一民族支系也被称呼为"排瑶"。"八排瑶"是对聚居于广东连南瑶族自治县境内排瑶的专称。

　　连南地区的"耍歌堂"至今已有六百多年的历史，是集排瑶纪念祖先、追忆历史、庆祝丰收、酬谢还愿、传播知识和群众娱乐活动于一体的民间盛会。排瑶没有本民族的文字，"耍歌堂"便成了文化交流和传承历史的重要载体。

　　瑶族"耍歌堂"的时间定在农历十月十六日，主要活动包括：祭祖、出歌堂、过州舞、长鼓舞、瑶歌演唱和对唱、法真表演和追打黑面人等。

排瑶的游行盛典

"耍歌堂"当天，连南八排瑶的瑶胞们会早早起床，穿着一身的盛装，陆陆续续前往节庆场地集合。清晨会先鸣三响土铳，接着"铜锣叮当，牛角呜呜，长鼓梆梆"，迎来瑶族传统节日中最盛大的仪式活动——游行。

三声土铳炮响开道，由瑶族最有权威的长老鸣锣，率领着族人一起游街串巷游行。游行队伍由许多支小分队组成：长老后面跟着手持幡竹的几名大汉，幡竹上吊着玉米包、稻穗、花纸条、彩绸丝带等。幡竹大汉之后是抬神像的队伍，接着分别是长鼓队、铜锣队、唢呐队、男歌队、女歌队、小孩队……游行的队伍排成一列，顺着蜿蜒的田埂和山道，一路浩浩荡荡，蜿蜒而行，穿着五彩斑斓民族服装的瑶族男女老少会载歌载舞，"当当、呜呜、嘟嘟、嗡嗡"的声音此起彼伏响彻群山，瑶寨一片欢腾。

101

在歌堂坪上，瑶族男女老少一起讴歌跳舞。瑶族的姑娘身穿盛装，脖子上系着银圈，头上盘着银饰珠子和各种吊坠，成群结队，姗姗而来，排列在歌堂坪上方。司仪欢迎她们走进歌堂坪中间，众人同声和唱，引吭高歌，歌声响彻群山。随后，瑶族青年男子三五成群，头缠红布头巾，插着白雉翎，身穿盛装，腰挂长鼓，呼哨而来，向着姑娘们跳起粗犷刚健的长鼓舞，边舞边唱。一般先从"催请歌"唱起，然后唱"盘问歌"，继而唱"初交歌"和"深交歌"。姑娘们会与他们互相对歌问答，对唱的歌曲形象生动、幽默诙谐。长鼓舞配合着美妙歌声，使得整个场面热闹喜庆，妙趣横生。

瑶族的"还盘王愿"

　　过山瑶是中国四大瑶族支系之一，历史上，瑶民由于躲避战乱和灾害，躲进大山里生活，因此被称为"过山瑶"，广东省的过山瑶主要分布在乳源瑶族自治县。过山瑶最为盛大的节日之一就是"还盘王愿"，是瑶族人民纪念其始祖盘王的节日，迄今已有一千七百多年历史。

"还盘王愿" 的传说

在远古时代，瑶山的评王和高王作战。评王悬赏招贤：只要能取高王首级者，就将最美丽的三公主嫁给他。不料第二天，一条名叫盘户的彩狗竟衔来了高王的头颅。评王只好遵守诺言，将心爱的三公主许配给彩狗，并封彩狗为盘王。

新婚之夜，彩狗竟变成一个魁伟健壮的男子，原本万分不愿的公主看到此时的盘王，心中顿生爱慕之情。之后，公主为盘王生下了六男六女，传下瑶家十二姓。有一天，盘王上山狩猎，不慎被一只羚羊撞下悬崖身亡。儿女们听到这一噩耗，就将羚羊抓了起来，把羚羊皮剥下来制成长鼓，愤然起舞，以报父仇。以后，每逢这天，瑶民便汇聚一起，敲着长鼓，载歌载舞，纪念盘王。

"还盘王愿"的祭祀活动

"还盘王愿"有单家独户举行的，也有全村人举行的。盘王节一般历时三天三夜或七天七夜，祭祀仪式由师公主持，主要活动有"请圣、排位、上光、招禾、还愿、谢圣"。整个仪式中唢呐乐队全程伴奏，师公跳《盘王舞》《铜铃舞》《出兵收兵舞》《约标舞》《祭兵舞》《捉龟舞》等。

"还盘王愿"上的祭祀活动
（韶关市乳源瑶族自治县文化馆提供）

　　流乐是盘王节另一个重要内容，流乐在瑶语的意思就是玩乐，就是恭请瑶族各路祖先参加盘王节的各种文艺娱乐活动，吟唱表现瑶族神话、历史、政治、经济、文化艺术、社会生活等内容的历史长诗 —— 《盘王大歌》。

　　流乐仪式一般要举行一天一夜。节日期间，瑶族人民杀鸡宰鸭，男女老少穿上节日盛装，汇聚在一起。首先会祭祀盘王、唱盘王歌、跳黄泥鼓舞和长鼓舞，以追念先祖功德，歌颂先祖英勇奋斗精神。其次，会欢庆丰收，酬谢盘王，大家在一起尽情欢乐。

壮族"牛王诞"

据《连山县志》记载，农历的四月初八是"牛王诞"，农家多在这一天以香茅裹糯米做成粽子，聚亲属朋友一起宴饮，耕夫和耕牛都在这一天休息。

相传，壮族先民在打猎中捕获了一头野牛，经驯养后变成家牛，某年四月初八，这头牛生下一头公牛犊，牛犊经过训练后，能犁田耙田，壮族人民从此不需要再受人力拖犁耙的苦。壮族先民为了纪念这头公牛的功德，尊它为牛的"始祖"，所以这一天称之为"牛王诞"。

"牛王诞"这天要让牛休息

按习俗，"牛王诞"这天务必让牛休息一天，不下田耕作。此外还要清理打扫牛栏，给牛角和牛头披上红绸布，把牛牵到河涌洗涤梳毛，除去牛身上的虱子。

这天，农家早起备上"三牲"祭品到村头土地庙祭拜牛王。家里有耕牛的人家，主人就要做五色饭，即用枫叶汁煮成的黑饭，用黄栀子水煮成的黄饭，用鸡血藤汁煮成的红饭，用艾叶汁煮成的绿饭，再加上白饭，一共五种颜色的饭来喂牛；或者煮糯米甜酒、炸油糍、包粽子、煮薯菜粥等来犒劳家里的耕牛，以感谢耕牛一年到头耕田犁地的辛劳。此外，家家户户的牛栏门口会插上绿柳枝，并在门口燃纸钱香烛，祈求耕牛四季平安。

"牛王诞"实际上是农耕时代，农民对赖以生存的生产工具的一种敬重和爱护。

祭祀路上（清远市连山县文化馆提供，李土州摄）

洗牛（清远市连山县文化馆提供，莫雄芳摄）

往昔"牛王诞"，现代"四月八"

现代农业社会，机械基本替代耕牛，"牛"的形象和重要地位逐渐减弱。"牛王诞"流传到今天，节日名称已转化为"四月八"，"牛"从节日名称中逐渐被隐去，体现了牛在这一节日中的地位的转变。然而我们看到"牛王诞"这个节日本身并没有消失，反而一直作为在当地人心目中一个重要的传统节日延续了下来。

"牛王诞"的节日内核已经在不知不觉间从"牛"身上过渡到了"人"身上。这个节日的内涵从原先通过祭祀"牛王"，希望家里的耕牛健康，进而希望求得农作物丰收。到了现代已经演变成为以宗祠为核心，人们走亲访友为目的，以增强家族团结和凝聚力的一个节日。因此，在传统"牛王诞"中受到重视的一系列祭祀活动在这里都一定程度地简化了。当地人现在过"四月八"已经很少有人举行"敬牛栏"仪式，通常只敬土地伯公。

畲族拜祖图

历史上，畲族为避战乱或逃灾害而频繁辗转迁徙，但只要社会经济相对稳定，就一定会请当地的文人重新装裱或重新绘制祖先图，以"画祖像遗后"，世代相传，并叮嘱子孙年年祭祀。祖图有点类似于连环画，用以记录、描述和表现畲族的起源和来历。

畲族祖图中祭拜的是谁？

祖图又称盘瓠图，主要崇拜盘瓠，是畲族信仰的主要标志之一。有史以来，畲族称"盘瓠"为"忠勇王"，凤凰山畲族称其为"护王""驸王"。"盘瓠"的原型构成有"龙犬""鱼龙""龙""麒麟"等诸多说法，这是畲族原始图腾崇拜观念的形象化表现形式，也正是"盘瓠"传说和祖先崇拜形成了畲族最原始、最基本和最核心的民族宗教的神灵。

112

畲族的祖图长卷

畲族祖图主要记录了什么？

畲族祖图自右往左排列，由多个画面组成，虽各地有不同的版本，但主要记载了这几个内容：

1 盘古开天氏、伏羲氏、神农氏及天皇氏、地皇氏、人皇氏像。

2 高辛帝当朝。

3 高辛帝宫中有刘氏大耳婆，太医从她耳中剖出一卵，放在盘中，用瓠盖在上面，放在殿阁内。结果，百鸟来朝，医生破卵，神犬现身，身上长有五色斑纹，出类拔萃，号称"盘瓠"。

4 番王兴兵犯边，高辛帝坐朝出榜，说谁能把番王的人头取来，就将自己的女儿嫁给他。盘瓠见榜，计划去取番王的人头。

5 番王喝醉酒睡着了，盘瓠乘机靠近，咬断了番王头后立即往回跑，番兵在他后面追得很紧。龙王差遣河伯水兵等神来帮助盘瓠，盘瓠得胜而归，带着番王人头去面见高辛帝。

6 高辛帝让盘瓠在自己的三个公主中选一个，盘瓠选中三公主为妻，咬住了她的裙尾。高辛帝许下这门亲事，定下他做三驸马。

7 盘瓠盖在金钟下变身需要七天七夜，不料到第五日，三公主怕他饿死，掀开金钟偷看，结果盘瓠的头就没能变成人形。

8 高辛帝将三公主许配给盘瓠，与公主举行婚礼后，盘瓠携眷赴高堂，鼓乐喧天，与三公主交杯成亲。

9 婚后二十年间，盘瓠和三公主生下三男一女。盘瓠带着孩子面见高辛帝，高辛帝大喜，赐长子姓盘，次子姓蓝，三子姓雷，一女姓钟。

畲族"招兵节"

　　"招兵节"是畲族纪念祖先的传统节日，现仅流行于粤东、粤东北畲族地区。招兵节一般在大雪至冬至节气之间择吉日举行，每三年或五年举行一次，节日活动一般延续三天三夜。

关于"招兵节"来历的传说

相传，畲族祖先盘瓠平定番邦叛乱，取了番王的首级，被番兵追赶至海边，正处于孤立无援的时候，天神派遣神兵帮助他，盘瓠化险为夷，成功摆脱追兵，带着番王首级返回。高辛帝为了嘉奖盘瓠，将三公主嫁给他，盘瓠和公主成婚后，生下子女，繁衍出了畲族盘、蓝、雷、钟四姓子孙。后人为了纪念始祖，感恩神兵，就学法"招兵"，请神兵来护佑乡里，而后逐渐演变成"招兵节"。

　　"招兵节"是畲族盛大的民俗活动，可谓全族动员，数村呼应。主办村必发请帖邀请各畲村派员参加。各家各户要通知亲朋好友来做客，附近汉族村庄的群众也会闻讯前来做客或观看，场面非常热闹。

　　节日中最重要的活动就是"招兵"仪式，场面宏大庄严。在祠堂大厅中央，用八仙桌设置"招兵"神坛一座，坛内分别有序地摆放"三牲"、香烛、米、水果等五排供品。大厅正面和东西两侧各悬挂诸位神像。在祠堂门口左侧置"恭迎圣驾"神坛，坛内供奉本村神明。祠堂大门前的空地上，搭建行法台一座，称为"招兵台"。根据祖辈回忆，以前的"招兵台"，是由十三层高的八仙桌组叠，依次缩小成塔状的。后来逐渐演变成今天的用三张八仙桌相叠，上面再摆上一张交椅和米斗的"招兵台"。"招兵节"期间，还会在大厅门前的空地一侧搭一座戏台，请木偶（俗称纸影）剧团来演出，此为"压地龙"。

"招兵节"体现的民族文化特色

　　"招兵节"体现了畲族人民以盘瓠为中心的民族信仰，是缅怀祖先盘瓠禳灾祈福，招来"神兵"，保村安寨，保人寿年丰的一种民间宗教礼仪法事和民俗文化活动。主要目的是祈求祖先和神明庇佑本族人畜兴盛、五谷丰登、驱邪避灾、百事无忌、福禄无疆等等。畲族"招兵节"集畲族文化大成，涵盖了畲族的宗教信仰、神话传说、语言、民歌、音乐、武术、舞蹈、服饰、饮食和迁移等内容，从多个方位展示畲族文化的原生态面貌。

结语

亲爱的青少年读者们：

　　《岭南民俗》这本图书的编写，是从青少年视角重新认识和感受岭南民俗文化特色的过程。提到民俗，人们总会从"雅"的对立面去理解"俗"，却忽视了"俗"中亦有"雅"，"俗"亦可塑造"雅"。因此，本书编写过程中，特意寻找一些文人墨客描述岭南民俗的诗词，一方面丰富青少年朋友诗词歌赋的知识面，另一方面也试图展现岭南民俗"雅俗共赏"之韵味。

　　岭南民俗的种类繁多、各放异彩，在这样一本薄薄的图书里定然无法全面囊括。每一种民俗都是历史悠久、内容丰富的。因此，这本图书只能涉及部分的民俗。亲爱的青少年朋友，岭南民俗和民俗活动背后还蕴藏着更加丰富的历史知识和社会文化等各种价值，还等待着你们继续发现和探索。

编者

王维娜

2020 年 1 月写于广州